强军精武
河南兵

QIANGJUN JINGWU HENANBING

韩申国　郭倩　侯晖　褚桂仁　编著

河南人民出版社

图书在版编目（CIP）数据

强军精武河南兵 / 韩申国等编著. — 郑州 ：河南人民
出版社，2020. 7
ISBN 978 - 7 - 215 - 12427 - 1

Ⅰ. ①强… Ⅱ. ①韩… Ⅲ. ①军人 - 先进事迹 - 河南 -
现代 Ⅳ. ①K825.2

中国版本图书馆 CIP 数据核字（2020）第 132155 号

河南人民出版社 出版发行

（地址：郑州市郑东新区祥盛街 27 号 编辑邮箱：313137877@ qq. com 电话：65788050）
新华书店经销　　　　　　　　　河南博纳印务有限公司印刷
开本　890毫米×1240毫米　　　　1/32　　　　印张　3.5
字数　65 千字
2020 年 7 月第 1 版　　　　　　　2020 年 7 月第 1 次印刷

定价：16.00 元

写在前面

甘洒热血写忠诚：
强军精武河南兵群像扫描

他们枕戈待旦、苦练本领；他们冲锋陷阵、舍生忘死；他们勇挑重担、争当先锋；他们不畏艰难、勇攀高峰。

"军人生死报国家，卫国护民责如山。"这是他们共同的心声，更是他们的实际行动。

他们都有一个共同的名字叫"强军精武河南兵"。虽然他们参军时间不同、具体职责不同，但他们都做到了不忘初心、牢记使命，把个人梦与中国梦、强军梦紧密联系在一起，把爱国之情、报国之志融入强军兴军的伟大事业之中，以自己的实际行动迈出精忠报国的铿锵步伐。

在坚守中书写报国之志

"当兵就要当一个好兵,要不辱使命。"回想 20 岁时入伍的初心,有"兵王"之称的东海舰队一级军士长王长水依然激动不已。

王长水"铆"在深山 28 年,与艰苦斗争、与寂寞相伴,练就了精通导弹检测所有专业的"最强大脑",成为单位有名的"导弹通",无差错保障近百枚导弹实射。

光阴荏苒,弹道有痕。"走向成功,每个人的路都不一样,但有一样是不能缺的,那就是坚守初心。"王长水还有 2 年就要退休,他的最大心愿,就是在有限的服役时间内,让更多亲手维护的导弹亮剑大洋。

心在哪里安放,强军报国之志就会在哪里生根。刘洋在成为航天员之后不停地挑战极限,不停地对抗负荷,克服了许多常人难以想象的困难。2012 年,她乘神舟九号"扶摇直上九万里",成为我国首位飞向太空的女航天员。

如今,已成为孩子妈妈的刘洋还在接受几十项严苛的常规技能训练,参加高强度体能训练和全方位心理训练，加强飞行、工程、医学、生物学等领域的知识储备，时刻等待祖国的召唤。

"轰隆隆……"轰鸣声中，海军航空兵某团一架训练机机头高昂、双翼舒展，威风凛凛刺向天际……海军航空兵某训练团副团长时晨光稳稳地坐在驾驶位置上，操控飞机穿云破雾。他已连续安全飞行3700多个小时，多次成功处置发动机系统、冷气系统空中特情。

军校毕业前，时晨光选择了留在飞行大队，做一名飞行教员，一干就是16年。他教过的学员中，有的参加了亚丁湾护航任务，有的参加了中俄联合对抗演习，有的驾驶舰载机……执着的坚守使他培养的一批批雏鹰振翅蓝天。"我们的海军要强大，就要有更多优秀的海军飞行员，我觉得我的工作特别有意义。"时晨光说。

无独有偶。我军首批"双学士"歼击机飞行员张抱在军校毕业后，也选择留在海军航空兵某团，登上了"蓝天教坛"，把全部心思用在了培养新飞行员身上，带出的徒弟个个"响当当"。

"少小虽非投笔吏，论功还欲请长缨。"河南省是兵员大省，每年参军人数占全国征兵总量的十分之一，从北国边陲到岭南大地，从西北大漠到东海之滨，无论是在平常训练中，还是在急难险重任务中，许许多多的河南籍官兵在强军兴军的伟大征程上，用自己的爱国之情、报国之志交出了一份份优异的答卷。

在奋斗中锻造出彩人生

从一名全国优秀大学毕业生到一名出色的特战兵，需要多长时间？"3个月！"武警广东省总队特战大队二中队指导员杨洋给出了响亮的回答。

第一次跑5000米坚持不到1000米、单兵战术不及格、实弹射击"剃光头"、紧急集合拖后腿……刚入伍的杨洋经常上"小黑板"，成了连队里出了名的"老大难"。

杨洋坐不住了，他下决心苦练打赢本领。战友们徒手进行5000米跑，他就腿绑沙袋负重跑；动作不标准，一遍不行来两遍，两遍不行来十遍……3个多月下来，杨洋的体重降了20公斤。新训结业考核，杨洋的成绩名列前茅，"文秀才"变成"武状元"。

"军旅生涯要有一段让自己热泪盈眶的日子。"武警第二机动总队第七支队火力中队指挥班班长葛俊伟秉持这样的信念，摸爬滚打、苦练本领，先后荣立二等功1次，三等功1次，并入选武警部队优秀人才库。

在东北某特战旅，"北疆枪王"卢雪礼可谓是大名鼎鼎。他不仅是金牌狙击教员、自己荣立两次一等功，更是带出多名一等功臣。他常挂在口头的一句话是："优秀的狙击手，准星里瞄准的都是'不可能'。"

在一场极寒条件下丛林地域斩首行动演练中，卢雪礼一动不动地趴在雪地中观察近3个小时，"敌"指挥员刚一露头，卢雪礼果断扣动扳机，目标应声倒地。任务结束后，除了用来击发的手指，卢雪礼身上其他地方都已经冻得几乎无法动弹。

在西部沙漠，也有一位"疯狂"战士——新疆军区某步兵团修理所上士杜小刚。在参加历时10个月的"国际军事比赛—2017"集训中，大拇指上的指甲磨秃了，膝盖肿了，腰椎损伤了……他都带伤冲刺，一次又一次地突破极限。在竞争激烈的国际赛场，他获得个人"榴弹炮班组修理""火箭炮班组修理"两个单项第一，并和战友共同取得"军械能手"项目接力赛团体第一名。

首次突破 30 天的在轨驻留任务、完成了近 40 项空间科学试验的航天员陈冬，排爆英雄、3 次获得"世界和平荣誉勋章"的王松委，全国道德模范、73 个"玉树宝宝"的"军医妈妈"张红娟，执行天安门升降旗任务 1000 余次、受到习近平主席亲切接见的国旗卫士杜林……他们的感人事迹和不凡业绩铭刻在"八一"军旗上，闪耀在强军之路上。

风卷战旗红，决胜新征程。在卫国戍边的哨卡战位，在波浪翻卷的湛蓝海疆，在广袤无垠的万里长空，在环境恶劣的大漠深山，在执勤维稳的任务一线……广大河南籍官兵全面贯彻习近平强军思想，争当强军精武标兵，在火热军营里锻造出彩人生，谱写新时代强军兴军的崭新篇章。

目 录

附　录

河南兵

强军精武河南兵

刘　洋

——时刻准备着重返太空

刘　洋

初夏时节，中国航天员中心大院里，绿树成荫，郁郁葱葱。

在模拟器楼一楼大厅，"从这里走向太空"七个金色大字格外引人注目。

齐耳短发，说话干脆利索，一脸的灿烂笑容，这是我们见到河南籍航天员刘洋时的印象。

2012年6月，作为飞行乘组成员之一的刘洋成功

刘洋在中国航天中心模拟器楼

完成了神舟九号载人航天任务，成为备受瞩目的中国首位成功飞向太空的女航天员。如今，距离航天飞行已过去 7 年，刘洋的工作和生活是什么样的？

"虽然现在没有飞行任务，但是我平时一直坚持学习和训练。随着中国载人航天工程的推进，我时刻准备着重返太空。"刘洋自信地说。

"执行神舟九号任务，是我人生的一次洗礼。支撑一个人梦想、理想的，其实是这个伟大的时代，是我们国家的发展，是科技的进步。这些点燃了我成为航天员的梦想。"回首太空飞行，刘洋说自己经历了一次心灵与身体的重生。

2009 年，随着科技、经济和载人航天技术的发展，国家决定招收新中国第一批女航天员，刘洋报名参加了选拔，并光荣地加入了中国人民解放军航天员大队。

成为航天员后，一切从零开始。"那是一种比高三的学习还要努力不止十倍的状态。"刘洋回忆。

航天员的许多训练极具挑战性。为了达到转椅训练15 分钟的及格标准，刘洋每天"打地转"，十五圈、二十圈、三十圈……办法只有一个——坚持坚持再坚持；为了完成离心机超重训练，她每天坚持练习腹部和腿部力量，向首批航天员请教经验，向教员请教不同的对抗方法，不断总结摸索；为了提高头低位耐力，她睡觉时拿掉枕头，垫高双脚……

"世界上永远只有轻易的失败，绝不会有随随便便的成功。"刘洋一次次鼓励自己，对着镜子中的自己喊"加油"。最终，当她以优异的成绩通过全部考核，被确定为"神九"任务航天员时，她觉得过去那些努力是那样的意义非凡、那样的弥足珍贵。

"当我第一眼透过舷窗看到地球的时候，感觉非常震撼，可以看到清晰的海岸线，可以看到大地是脉络分明的。在太空中可以看到我们国家的大江大河，特别是城市的灯光，在夜晚非常璀璨和美丽。不过，在太空失重状态下并不像大家想象的只有乐趣，还有头涨、头疼、鼻塞、眼部充血。"刘洋向我们描述执行"神九"任务期间在太空的感受。

"我们在太空中吃的是太空食品，是经过特殊处理的。太空食品非常丰富，有宫保鸡丁、木须肉、黑椒牛柳等。"刘洋还向我们介绍了在太空舱中的饮食情况。

任务完成后，经常有人会问她："难道你不怕死吗？""怕，怎么不怕！生命对于每个人来说都只有一次，又有谁会不珍惜呢？但总有一些事情值得你为之奋斗和牺牲。"刘洋回答。

没有任务的航天员平时在做什么？刘洋说，根据工作安排，他们会在工作之余参加一些科普活动，但大多时间在训练和学习。如今，我国载人航天工程已进入空间应用阶段，中国将在2022年前后建成空间站。现在他们正在紧张备战空间站工程任务，日常训练非常紧张，每天的工作和生活都像高三的学生一样，完全按照课表进行上课和训练，都在为备战空间站任务做着积极的准备，希望能够早日到我们自己的空间站上去开展工作。

　　"面对长期驻留、多次出舱等新挑战和空间试验新要求，我必须再加把劲儿。"刘洋满怀信心地说。

河南卫视
电视新闻

河南卫视
《中原国防》电视专题片

陈 冬

——拼搏的人生最壮美

陈 冬

初夏的一天下午，在中国航天员中心，我们见到了河南籍航天员陈冬。

灿烂的笑容、整齐的常服和锃亮的军靴，英姿飒爽的航天员陈冬，大步走进科研训练中心一楼大厅。

"近三年，我的工作主要分为身体恢复和任务训练两个阶段，经过半年的调整，身体恢复到了正常状态，

陈冬在中国航天员中心模拟器楼

现在主要是备战空间站任务，每天我除了在教室上课，就是在训练场训练，几乎所有时间都在为飞天任务做准备。"陈冬说。

　　"执行神舟十一号任务的 33 天，是我人生中最难忘的一段时间。如果没有上过太空，就体会不到祖国在你心中的地位，就体会不到地球的渺小和宇宙的浩瀚。"陈冬回忆起当时太空飞行的情景，仍然激动不已。

　　陈冬出生于洛阳市一个普通的工人家庭。1997 年，陈冬参加高考，选择报考长春飞行学院，成为一名光荣的飞行学员。走进军校，穿上军装，陈冬的心里暖暖的，因为自己的第一个梦想实现了。

军营磨砺了陈冬的意志，让他逐渐成长为一名优秀的军人。

2003年杨利伟搭乘神舟五号飞船飞向太空，航天员的梦想在陈冬心里生根发芽。经过努力，2010年5月，他正式成为航天员大队的一员。

面对30多门陌生的航天基础知识理论课程，陈冬没有休息日、没有娱乐时间、没在晚上12点之前睡过觉，每天宿舍、教室两点一线，在一年之内就完成了学习任务。在航天员所要进行的八大类上百个课目训练任务中，陈冬在同批航天员中成绩总是名列前茅。

2016年10月17日，陈冬与景海鹏搭乘神舟十一号飞船，完成与"天宫二号"的对接，并于11月18日顺利返回。

"我和景海鹏师兄首次突破30天的在轨驻留任务，完成了近40项空间科学试验，为将来实现长期载人飞行迈出了关键的一步，为后续空间站建造运营奠定了更加坚实的基础。"陈冬说。

回顾自己从追梦到圆梦的历程，陈冬说，人这一生是由许许多多的小梦想串联起来的，其中的一些梦想，通过"蹦一蹦""跳一跳"就可以去实现的。所以，只要你定下目标，且梦想贴近现实，就应该不遗余力、勇往直前，不要轻言放弃。

"目前我们正在按计划进行空间站工程任务学习训练，随时准备接受党和人民挑选，随时准备奉命出征太空。"陈冬说。

自从 1997 年考入军校到现在，陈冬为国防事业奋斗了 22 年。"一个人的青春很有限，我的青春能够追逐梦想，能够回报祖国，我感到非常骄傲和自豪。幸福是奋斗出来的！让我们一起加油，在飞天路上顽强拼搏、永远向前。因为拼搏的人生最壮美！"陈冬说。

河南卫视
电视新闻

河南卫视
《中原国防》电视专题片

杜 林

——用生命护卫五星红旗

杜 林

每天清晨，当太阳悄然接近地平线即将喷薄而出时，北京天安门城楼下，总会准时响起一阵铿锵有力的脚步声。

中国人民解放军仪仗大队国旗护卫中队官兵迈着整齐的步伐，跨过金水桥，穿过长安街。在嘹亮的国歌声中，五星红旗精准升上旗杆顶端，飘扬在金色的阳光里。

初夏时节，我们来到中国人民解放军仪仗大队国旗护卫中队。在国旗护卫中队荣誉室，墙上张贴的"护卫国旗，重于生命"八个大字十分醒目。"为了展示五星红旗的风采，维护伟大祖国的尊严，我们再苦再累也心甘情愿！"中国人民解放军仪仗大队国旗护卫中队中队长杜林说。

　　杜林1987年出生，老家在南阳市方城县，2011年12月入伍，在国旗护卫中队执行天安门升降旗任务1000余次。"天安门国旗护卫队组建以来，一代代官兵爱党爱国、无私奉献，恪尽职守、不辱使命，将'护卫国旗，重于生命'的庄严承诺，化作拳拳爱国之心、报国之志。"杜林说。

　　"我的梦想就是当兵，大学毕业后，我选择了参军。"杜林说，"国旗护卫中队的战士，每年都是从上万名新兵中挑选出来。进入升降旗方阵，更是每一位新战士的神圣追求。"

　　从普通一兵到成为一名国旗护卫队队员，杜林最清楚其间的艰辛和酸甜苦辣。国旗护卫中队的战士必须练好"三功"：一是"站功"，腰插"十字架"、领别大

杜林在天安门国旗护卫队

头针、背贴硬板床，要求站得直、站得稳、站得久，顶着大风练站稳，迎着太阳练眼神，甚至用蚂蚁爬脸练毅力；二是"走功"，腿绑沙袋、头顶砖头、尺量步幅、表测步速，必须练到护旗方队横看成行、纵看成列、步幅一致、摆臂一致、目光一致；三是"持枪功"，护旗兵用的是镀铬礼宾枪，夏天手出汗容易滑落，冬季冰冷的手握不住枪，为了达到操枪一个声音、一条直线，在枪托上吊上砖头练臂力，在腋窝下夹上石头练定位，直到手掌拍肿了、虎口震裂了、右肩磕紫了，才能闯过这道关。"每过一关，都要流几斤汗，脱几层皮，掉几斤肉。"

杜林回忆说："国旗护卫队新兵训练时，每天训练时间都在 10 个小时以上，日均行进 2.7 万步，经常湿透三四身衣服。4 个月的强化训练结束后，我的体重从 195 斤瘦到 135 斤。"

2012 年 7 月 12 日，杜林在同批兵中第一个补入国旗护卫中队方队。

"每天升旗降旗，保持与太阳升起和降落同步，一秒不差；每次从金水桥走到国旗杆下，正步行进 96 步，一步不差。"杜林说。

有人说，国旗护卫中队官兵是铁打的，能忍受常人难以忍受的疼痛。杜林告诉我们："没有谁天生就是铁打的，为了心中的信仰，苛刻的选拔和严酷的训练，最终让我们百炼成钢。"

每次升旗降旗，令杜林最难忘的是天安门广场上围观群众的热情。杜林说："头顶，是飘扬的五星红旗；身后，是亿万人民的目光。那一刻，你能看到他们眼中晶莹的泪光，感受到他们胸膛急促的心跳。"

　　"国旗是国家的标志和象征，我们只有护好'祖国第一旗'，站好'祖国第一哨'，高举旗帜跟党走，才能不辜负党和人民的重托！"杜林的话语掷地有声。

河南卫视
电视新闻

河南卫视
《中原国防》电视专题片

王长水

——东海舰队的"兵王"

王长水

当兵当到极致是什么样？河南籍老兵、东海舰队某军械技术保障大队一级军士长王长水作了最好的诠释。

他"铆"在深山28年，留下一串闪光的数字：熟练掌握28个号手的操作技能，参与的某项导弹课题研究获得了军队科技成果三等奖，编写的发射箱操作口令表为导弹保障节省时间近10分

王长水在东海舰队军械技术保障大队荣誉室

钟，先后荣立二等功、三等功各一次……

中等个头，脸庞黝黑，一口浓重的河南口音，两眼闪烁着坚毅的光芒。初次见面，王长水留给我们这样的印象。

"当兵就要当一个好兵，要不辱使命，不辜负父老乡亲的期望。"回想20岁时入伍的初心，王长水依然激动不已。

王长水出生在荥阳市，生长在大中原，从小就非常向往大海。1991 年 12 月，他梦想成真，从黄河之滨来到东海岸边的深山里，穿上了梦寐以求的水兵服。

1999 年，在部队服役 8 年的王长水经历了军旅生涯中的第一次精简整编，他由原来的岸炮某营分流到了维护保障导弹某部。

新单位仍然地处山坳，条件十分艰苦，但他没有一句抱怨的话，迅速调整状态，全身心投入到新专业的学习当中。

"专业上我一定要说了算！"为弄清导弹各型部件工作原理，王长水带着河南人的韧劲和拼劲，白天向技术骨干学习，晚上加班加点进行训练。半年时间，他记下 3 万多字的专业学习笔记，熟练掌握了测试三个专业的十余本操作规程，导弹检测中的上万个测试数据全部牢记于心，练就了精通导弹检测所有专业的"最强大脑"，成为单位有名的"导弹通"。

某次大型导弹实射任务，王长水被点将随舰参加。最后一次通电检试时，导弹助推器突然出现点火故障，气氛瞬间紧张起来。距离发射时间只剩 17 分钟，如果不能及时排除故障，此次演练将宣告失败。

"多长时间能将故障排除？"舰艇指挥员问王长水。

"10 分钟内保证完成任务！"王长水话语响亮而自信。

虽然对王长水的技术没有任何怀疑，但指挥员的担心和顾虑并未完全消除："确定 10 分钟？"

"确定！"

王长水一边摸线路一边查数据，不到 7 分钟，他就打破了沉寂。当导弹顺利点火腾飞时，全舰官兵掌声如雷。

关键时刻敢拍胸脯，缘于他把导弹当孩子一样精心呵护，摸透了每一枚导弹的"脾性"。"如果打仗时舰艇装上了'坏弹'，我们就是历史的罪人。"入伍 28 年，他无差错保障近百枚导弹实射。

王长水是单位唯一的一级军士长，身边的战友们都喜欢喊他 "水哥"。这昵称不只是因为他年龄大，更是因为他技术精，他牵头研制的一种新装置打破过去只能逐枚导弹定点加压检测的保障方式，有效缩短了导弹转级时间；他参与革新的某型助推器对接安装车，不但弥补了过去功能单一的不足，还大大提高了安全使用系数。

"成就心中梦想，每个人的路都不一样，但有一样是不能缺的，那就是坚持努力！"这是王长水的的切身感悟，这也是他经常激励年轻战友的一句话。

河南卫视
电视新闻

河南卫视
《中原国防》电视专题片

杨 洋

——文武双全特战兵

杨 洋

盛夏时节，南粤某训练场上热浪如潮。指挥员一声令下，一位嗓音低沉、满脸坚毅的特战兵跑步入位，随着几声清脆的枪响，5 发子弹全部命中靶位。在他身后，几个特战队员鼓起掌来："洋哥文章写得好，射击也不含糊！"

战友们口中的"洋哥"，是来自商丘市的杨洋，武警广东省总队机动支队特战二中队指导员。从一名全国

杨洋在武警广东省总队机动支队营区

优秀大学毕业生到一名基层单位主官，杨洋付出了很多常人难以想象的艰辛。

2012 年，即将从商丘师范学院毕业的杨洋在接到新加坡国立大学研究生录取通知书时，却作出报名参军的决定。

做别人不常做的事情，免不了被误解。省级优秀学生干部、全国优秀大学毕业生放弃读研到部队当一名普通战士，杨洋的选择在校园传开后，立即引起大家的议论，甚至有人质疑其入伍动机。杨洋没有多作解释，毅然决然地穿上了迷彩服。说起入伍的初衷，杨洋感慨万千："我是军人后代，打小就想当兵，当一名特战兵。"

第一次跑5000米时坚持不到1000米、单兵战术不及格、实弹射击"剃光头"、紧急集合拖后腿……刚入伍的杨洋成了连队里出了名的"老大难"。

拼搏是青春的印记，汗水是最好的洗礼。战友们徒手进行5000米跑，他就腿绑沙袋负重跑；动作不标准，一遍不行来两遍，两遍不行来十遍……新训结业考核，杨洋的成绩名列前茅，"文秀才"变成了"武状元"。

两年后，杨洋获得了参加提干考试的机会，他以超过录取分数线70分的优异成绩通过选拔。完成初级警官任职培训后，杨洋接到了到高原地区驻训的任务。当他得知部队组织"高原练兵"大比武后，就再次进入"疯狂"的训练状态，每天在训练场上千锤百炼、挥汗如雨。最终，杨洋交出了一份5公里武装越野、器械、战术3个课目第一名的成绩单。

训练成果咋样，实战最有发言权。杨洋奉命带领3名战士抓捕一名犯罪嫌疑人。犯罪嫌疑人系持刀伤人后逃逸，不仅身材粗壮，而且十分狡猾，多次逃脱抓捕。面对手持短刀的抓捕对象，杨洋一端封喉，将其压制在地。

"与穷凶极恶的犯罪嫌疑人过招，并没有影视剧中的那般精彩，需要的是一招制敌的硬功。"杨洋言语间透着几分淡定与自信。

当兵 7 年来，杨洋在媒体上发表文章近 500 篇，荣立二等功 1 次，多次受嘉奖。在杨洋的言传身教下，该中队许多战士成了响当当的尖兵，40 多人被评为优秀士兵，6 人立功，5 人考入军校。机动支队特战二中队连续多年被武警广东省总队评为"基层建设先进中队"。

高强度的军事训练，让杨洋的脸上增添了不少皱纹，皮肤也变得粗糙，双手结满了老茧，看上去与他的年龄极不相符。"军队给每个人都提供了广阔的舞台，只要朝着目标不断奋进，就能谱写出更加绚丽的青春篇章。"杨洋告诉我们。

河南卫视
电视新闻

河南卫视
《中原国防》电视专题片

时晨光

——长天深处育战鹰

时晨光

当看着电视画面中，一架架海军战机如雄鹰般掠过海面、划破长空时，你是否想过，这些战机飞行员也曾是稚嫩的新手，他们的真机驾驶第一课是谁给他们上的？2019 年 7 月 22 日，我们就见到了一位海军飞行员的启蒙老师——来自周口市的海军初级教练机教员、海军航空兵某团副团长时晨光。

　　一身天蓝色的飞行套装，一米八多的个头，话语中透着循循善诱，这是时晨光留给我们的第一印象。

　　在东北某市海军航空兵驻地，凌晨四点半，训练场上20多架小型飞机依次排开，发动机轰鸣声中，维修人员正在对飞机进行升空前的调试。时晨光介绍，这种小飞机是训练机，学名"初教六"，是我国所有的海军航空兵飞行员学习驾驶的第一种机型。

　　虽已是副团长，时晨光依然在教学一线带学员。早上5时，向学员通报飞行注意事项后，他带着第一位学

时晨光在海军航空兵训练场

员起飞了。伴随着地面指挥员的指挥，"初教六"在跑道上滑行百米后腾空而起，逐渐在天空中变成了一个小黑点。这种训练，就是他的工作日常。"一般情况下每周要训练 6 天。"时晨光说。

工作忙，时晨光却越干越有劲儿，因为他始终记得18 岁参加招飞成功进入原海军飞行学院学习时，曾经也是军人的父亲的寄语："你既然选择了当兵，就好好干，别给咱河南人丢脸！"

工作之余，时晨光笔耕不辍。目前他已发表关于飞行教育的论文 30 多篇。

当天上午，我们留意到他的办公室门后有一块擦得干干净净的小黑板，等下午我们再次来到他的办公室时，上面竟写满了英文单词。原来，这些单词都是他利用午休时间背诵的。"这些都是飞行中的常用词汇。学习英语也是与实战接轨，一旦与外机相遇，需要向对方喊话时，就能派上用场。"时晨光说。

热爱飞行的时晨光，却差点和飞行擦肩而过。大二那年，他参加学校的运动会时锁骨严重受伤，这意味着他可能不再适合当飞行员，但是，鉴于他在校期间成绩优异，学校准许他结合身体恢复状况，跟着下一届学员学习。在休养的半年时间里，他躺在病床上坚持理论学习，并通过了当年所有的理论科目考试。病愈下团后，他总是凌晨四点就起床学习，比大家足足早起两个小时，靠着河南人的拼劲儿，他的飞行成绩比同届学员好一大截。

从教 16 年，安全飞行 3000 多小时，多次成功处置发动机系统、冷气系统空中特情，荣立二等功 1 次、三等功 2 次。成绩优异的时晨光，本可以离开飞行大队，去飞轰炸机，可是他却选择了留在这里，甘心做教员。"我教过的学员中，有的去了亚丁湾执行护航任务，有的参加了中俄联合对抗演习。我的目标是为祖国的海军航空事业培养更多飞行员好苗子，让我们的海军越来越强大。"时晨光的眼神中透着坚毅。

河南卫视
电视新闻

河南卫视
《中原国防》电视专题片

葛俊伟

——淬火成钢当尖兵

葛俊伟

"全班注意，开始射击，101号目标地环靶，榴弹，瞬发引信，集火射向，表尺580！……"盛夏时节，南粤某丛林地带，一场迫击炮实弹射击演习悄然打响。

"锁定目标，发射。"一声令下，"嘭"的一声巨响，目标被摧毁。

29

葛俊伟在武警第二机动总队第七支队

在此次任务中担任指挥员的，正是武警第二机动总队第七支队火力中队指挥班班长葛俊伟。

训练结束，葛俊伟来到我们面前。他一把抹去额头上的汗水，深深吸了口气。

个头高高，身材健硕，目光炯炯有神，这位 32 岁淮阳籍战士浑身透着一股英武之气。

"我从小就崇拜军人、向往军营，渴望能在军营里建功立业。"7 月 25 日，葛俊伟告诉我们，12 年前的选择不是一时冲动，而是深思熟虑。

入伍之初，看到老兵们一身的武艺和本领，葛俊伟羡慕极了，内心深受触动。"都是两个肩膀扛一个脑袋，他们能做到的我也一定行！"

梦想容易，实现难。刚练体能时，葛俊伟经常出现岔气、腿抽筋的现象，他暗下决心和自己较劲。别人练1个小时，他就练3个小时，别人跑5公里，他就跑10公里，那段时间经常是伤口连着伤口、血泡套着血泡。新训结束后的考核，葛俊伟的综合成绩名列前茅，5公里武装越野更是中队第一。

"好兵就要迎难而上，敢于挑战。"葛俊伟在强军精武之路上不断奋勇向前：在全师举行的比武场上，拿下多项第一；在华南兵种协作区比武赛场上，以绝对优势夺取指挥专业第一；参加海关执勤，协助海关人员破获多起违禁品走私案件；参加某地区驻训维稳，多次出色完成安保任务，被授予"驻训维稳先进个人"称号。

2015年7月，华南部分地区持续遭受强降雨袭击，正在老家休假的葛俊伟，毅然告别家人，迅速返回部队，奔赴抗洪一线。一到任务点，他就甩开膀子，率先跳入水中，打桩、填沙袋，一干就是几天几夜，因疲劳过度，几次险些栽进水中。

战友们不知道，由于前段时间训练时用力过猛，葛俊伟左肩关节受伤，医生还嘱咐他不能剧烈运动。刚一扛沙包，葛俊伟就感到钻心的疼痛，豆大的汗珠从额头上渗出来，但他一直咬牙坚持，直到洪水退去，才被战友们强行送到医院做手术。

葛俊伟仅仅在医院待了15天，便重新站在训练场上。看到葛俊伟，战友们一脸惊讶，他却笑着说："马上就要比武了，我在医院里待不住。"

"训练场上敢追梦，任务面前敢担当，危险面前敢拼命。"提起葛俊伟，中队长周峰赞不绝口。

从军12年来，葛俊伟荣立二等功1次、三等功1次，获嘉奖2次，并入选武警部队优秀人才库。采访结束，聊起获得的荣誉，葛俊伟说："作为一名军人，在困难面前，如果有胆量、血性和决心，敢于向'不可能'叫板，就一定能在军营大熔炉里淬火成钢当尖兵。"

河南卫视
电视新闻

河南卫视
《中原国防》电视专题片

张红娟

——仁心仁术好军医

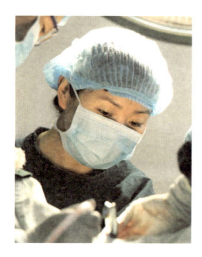

张红娟

"胎位不正，胎心率晚期减速，脐带绕颈2周，必须立即做手术！……"盛夏的郑州，热浪滚滚，在解放军第988医院产房里，一场惊心动魄的"生死时速"正在上演。

一位中年女医生带领助手们紧张地进行着各种操作，现场气氛紧张。这位女医生，便是该院妇产科主任张红娟。

张红娟在解放军第 988 医院

10 分钟后，伴随着一阵响亮的啼哭声，张红娟一直紧张的表情终于放松下来。她走出手术室，取下口罩，又匆匆赶赴一场重要会诊。

在解放军第 988 医院，张红娟是一面响当当的"金字招牌"。从医 25 年来，她接生 1 万多名婴儿，接诊十多万名患者，精诚而热情。

"没有党的关怀和部队的关爱，就没有我的今天。"大眼睛、小酒窝，看起来纤细柔弱的张红娟，说起从医经历，声音洪亮。

张红娟的老家在漯河市，父亲是一名战斗机飞行员。1981 年秋天，张红娟刚满 9 岁，父亲将包好新书皮的课本交给她后便奔赴试飞场，为挽救出现故障的新型战机放弃跳伞，不幸壮烈牺牲。

家中失去了顶梁柱，但组织上帮助他们一家解决了生活上的难题，张红娟全家倍感温暖。

军校毕业后，张红娟被分配到空军郑州医院（现解放军第 988 医院）成为一名临床医生。"妇产科是高危行业，但红娟从没出现过失误，因为她有着强烈的敬业精神，时刻想着患者。"解放军第 988 医院院长谢峻感慨地说。

在汶川地震中，张红娟在简易帐篷中架起手术台，顶着 40℃高温迎来震后灾区第一个小生命，这也是震后成功实施的第一例野战条件下的剖腹产手术。

在玉树地震中，她连续超负荷工作 62 个昼夜，接生 73 个"玉树宝宝"，被誉为"高原格桑花"。她还多次回访玉树，走访了 43 个"玉树宝宝"家庭，谱写了汉藏人民团结友爱的新篇章。

"要不是张主任劝我顺产，我哪能那么快出院！"

见到我们采访，正在办理出院手续的王女士高兴地说。

王女士是高龄产妇，家人认为她身体素质差，自然分娩危险系数高，就要求剖腹产。张红娟评估了王女士的身体条件，认为她可以顺产，于是带领值班医生、助产士，在守护7个多小时后，王女士自然分娩，平安地产下了健康可爱的宝宝。

总是鼓励孕妇顺产，有人说张红娟"傻"：让孕妇顺产，不仅辛苦且风险大，科室收入也受影响。然而，在张红娟眼里，药是用来治病的，不是用来赚钱的。能省一分决不能让患者多花一厘，能用普通药一定不用高价药。在她的坚持下，妇产科顺产比例达到70%。

在妇产科值班室里，不但留有张红娟的手机号，还有她丈夫、儿子的电话号码。这是她为防止自己接不到电话耽误接诊而采取的一项预防措施。

高强度、快节奏的工作状态让张红娟的精神和体力都严重透支，但她仍像一个充满力量的小马达，不知疲倦地日夜工作。"中原大地是一片爱军拥军的热土，能为乡亲们带去健康和幸福，能为党旗军旗增辉，再苦再累都不怕。"张红娟对我们说。

河南卫视
电视新闻

河南卫视
《中原国防》电视专题片

张　抱

——甘做蓝天铺路人

张　抱

2019 年 7 月，清晨的飞行训练场，天边的红日刚探出头，发动机的轰鸣声已在机场上空响起。"向后带点杆！""稳住，稳住速度！"……在几千米的高空，海军航空兵某团副参谋长张抱指导着驾驶舱里的学员，开始了一天的飞行训练。

和运动员一样，飞行员的工作也可以被抽象成一串

张抱在海军航空兵机库

串数字，张抱的那组数字可以称得上是"全明星"级别的。连续安全飞行 1700 多个小时，担任飞行教员以来共培养飞行学员 20 多名。张抱被大家亲切地誉为"蓝天铺路人"。

2002 年，张抱离开永城老家，参军入伍。经过刻苦训练，张抱成为海军首批自主培养的歼击机飞行员、海军首批"双学士"歼击机飞行员、海军首批自主培养的歼击机飞行教员。2009 年 12 月，张抱满载着"优秀学员""技术尖子"等荣誉，放弃了去一线部队建功立业的想法，服从组织安排，选择了当飞行教员。

　　"要成为一名优秀的飞行教员，必须把全部心思都用在带教学员身上，要有责任心、爱心、恒心，不放弃一个学员。"一天午餐时，我们见到了张抱，黝黑的皮肤是他长期训练飞行的印记，带着河南乡音，他用朴实的语言向我们讲述了他钟爱的飞行事业。

　　"'没有带不好的兵，只有带不好兵的班长'，当教员也一样。"张抱说。在带教59期学员的过程中，学员毕翔地面观察、协调能力差，技术提高慢，大部分教员认为要停飞。张抱却认为毕翔是个可造之才，只要方法得当，完全没问题，他主动请缨带教毕翔。

　　"我们都为自己立下目标，除了日常训练，不放过任何休息时间，加班加点练动作要领。"毕翔告诉我们。在张抱的耐心指导下，毕翔的技术提高非常快，顺利地放了单飞。毕翔回忆起当年张抱对他的指导，总是感叹："幸亏当年张教员没有放弃我，我才有机会实现翱翔蓝天的梦想。"

　　在教学实践中，张抱总结出一套行之有效的方法。在带教过程中，他坚持与学员同学习、同训练、同进步，要求学员掌握的，自己一定先熟练，用榜样的力量带动学员快速成长。干一行，专注一行，出彩一行，是别人对张抱的评价，也是他对自己的要求。

2015年下半年，他果断放弃疗养休假机会，主动参与《教八飞机新大纲》的编修、审核、评定工作。在2016年上半年新大纲试训过程中，他又主动承担起《教八新大纲增训内容教学参考》的编修工作，积极讲解授课并参与试飞带教。

在担任副参谋长后，他仍然坚持主动学习、科学组训，特别是在接受舰载战斗机飞行员所需能力针对性培养的任务后，他主动加强舰载理论的学习与研究，多次赴舰载航空兵基地学习调研，飞行技术和综合能力得到较大提升。

当我们问他，放弃到一线部队建功立业而选择任教后悔吗？张抱笑笑说："驾驶飞机畅享蓝天白云带来的惬意，是每个飞行员的梦想，但是作为一名军人，要时刻冲到祖国最需要的地方。当一名飞行教员，就是我报效祖国的实际行动。"

河南卫视
电视新闻

河南卫视
《中原国防》电视专题片

卢雪礼

——弹无虚发神枪手

卢雪礼

沉着冷静、反应敏捷，可以狙杀敌指挥官于几百米之外，这是影视作品中的狙击手形象。一天，在东北某特战旅，我们就见到了一位现实中的狙击手——来自商丘的神枪手卢雪礼，他现在是该特战旅的狙击手教练。

初见卢雪礼是在训练场上。这位面色红润、身体结

卢雪礼在北疆某训练场

实的河南小伙儿，话不多，2019 年 32 岁的他已经在特战旅当狙击手教练 5 年了。

卢雪礼 2005 年入伍。刚来部队时，他在侦察连当侦察兵。2008 年 3 月参加了沈阳军区的比武，比武前改练为狙击手。2013 年他来到了目前所在的特战旅。

"当特种兵是我的梦想。从新兵开始，我每天都会在部队还没吹集合哨时，就起床跑 5 公里，等到吹集合哨后再跟大家一起跑，当时就觉得自己赚到了。"卢雪礼说。

夏天，顶着炎炎烈日，在野外进行狙击跪姿训练时，卢雪礼一跪就是半小时，跪到后来身体都麻木了。冬天，冒着零下三四十摄氏度的严寒训练，等子弹打完，手都冻僵了。训练虽苦，他却很认同这种严格的训练："在寒冷地区当兵，冬天打不了枪，就打不了仗，这是实战需要，也是基本功。"

不只苦练，更要巧练。2008 年 6 月，沈阳军区组织了奥运安保主题的集训。"有个项目是负重 25 公斤跑 6 公里。一开始我跑不下来，后来我就偷偷给自己加训，把 6 公里分解成 6 个 1 公里去跑，慢慢就跑下来了。当时训练的合格成绩是 28 分钟，我的成绩提高到 24 分钟时遇到了瓶颈，于是我就把背囊装到 35 公斤进行训练，再换成 25 公斤后，速度就快多了。"卢雪礼回忆道。

天道酬勤。2008 年，沈阳军区组织"猎人集训"。由于卢雪礼各项成绩突出，连队推荐了他，而他也不负众望，在选拔队员考核中取得第一名的好成绩。

"雪礼没事儿喜欢自个儿琢磨。对一个表尺最远射程 800 米的狙击枪，他会思考能否使最远射程达到 900 米，琢磨如何计算弹道高才能打得准，然后在训练时一点点修正，直至命中目标。"与卢雪礼同为狙击手教练的韩昆说。

"这也是与实战接轨，在实战中敌人不可能永远在你的理想射击距离之内。"卢雪礼接过话茬。

当兵十几年，卢雪礼获得的军功章不胜枚举：2013年被解放军四总部评为"全军爱军精武标兵"，荣立一等功;2014年因射击比赛成绩突出，荣立三等功；2015年被沈阳军区评为"强军目标标兵个人"，荣立一等功……

"成为一名狙击手，我不后悔，现在我的角色有了转变，由狙击战士转变为一名教练，肩上的责任更重了，我会再接再厉，为国家培养更多的特战尖兵。"卢雪礼说。

训练场上，狙击手们的枪声此起彼伏。阳光照在训练场的草地上，军旗迎风飘扬，好一派风卷战旗的图景。

河南卫视
电视新闻

河南卫视
《中原国防》电视专题片

付向海

——一直冲锋的"特战尖兵"

付向海

"行动！"随着一声令下，潜伏多时的狙击手沉稳冷静，精准狙杀；全副武装的特战队员快如闪电，破窗突入……2019年7月下旬，伏牛山麓某军事训练基地，一场特战演练激战正酣，担任此次行动的指挥员，正是陆军某特战旅副参谋长付向海。

健硕的身材、刚毅的脸庞，目光炯炯有神，让人觉得付向海"天生就是当特种兵的料"。

"作为新时代的革命军人，就要时刻以昂扬的精神投身练兵备战，才能扛起肩上的使命责任，不负党和人民重托。"付向海告诉我们。

付向海1981年4月出生在尉氏，入伍近20年，从基层战士一路成长为特战旅副参谋长。这位"特战尖兵"以逢敌亮剑的血性和精湛过硬的技能，先后3次荣立二等功、1次荣立三等功。

"武艺练不精，战场白送命。"这是付向海写在笔记本扉页上的一句话。2005年，他参加上级组织的"猎人集训"，凭借过硬技能和坚韧意志，一举夺得"金牌猎人"称号；2009年，由于军事技能过硬、个人表现突出，付向海被评为"全军优秀指挥军官"……近年来，付向海先后参加近20次集团军以上比武竞赛，共取得10余次个人单项第一名、6次团体总评第一名。

在国内比武场上书写光荣和辉煌的付向海，在维和战场和国际赛场上也毫不含糊。

2007年11月，付向海通过层层选拔，作为首批赴苏丹达尔富尔地区维和大队先遣分队的一员，带领警卫分队奔赴任务区。在苏丹达尔富尔地区执行维和任务的14个月里，付向海参加过多少回巡逻、处置了多少次险情，自己也记不清楚了。可说起这些经历，他却是一脸自豪："当兵不怕经历战火。这次维和，让我的军旅生涯多了一份厚重履历。"

2017年年初，付向海作为领队，参加"国际军事比赛—2017"比武集训。此时恰逢部队调整改革，不少参赛队员因为单位移防、岗位调整，训练积极性受到影响，成绩也随之下滑。

得知这一情况，同样面对进退走留的付向海把队员召集起来。"即使脱下军装，也要在最后的军旅生涯为国争光！"付向海的话掷地有声。

比武场上，付向海奋勇争先，一举夺得"领队武装越野"项目第一的优异成绩。队员们在他的激励下，一鼓作气，接连拿下4个单项第一、1个团体第一、3个团体第二，以团体总分第二的成绩为祖国和军队赢得了荣誉。

尽管获得的荣誉越来越多，但付向海依然向着更高的目标进发。

他带领专业骨干扎根野外驻训场，深入研究实战条件下特战技能组训模式、实际应用等多个难题，制定出格斗、攀登等6本口袋教材，总结推广"循环功能训练""多点快速射击"等13种组训方法。

　　付向海说："训练场就是战场。只有把功夫下在平时，把专业练到极致，才能攻无不克、战无不胜。"

河南卫视
电视新闻

河南卫视
《中原国防》电视专题片

马 帅

——扬威国际赛场的"神炮手"

马 帅

他是一名普通士兵，但又有些不普通。

他技术精湛，在国际赛场捍卫了"天山雄师不可敌"的誓言。

他爱岗敬业，先后荣立一等功 1 次、二等功 1 次、三等功 2 次，被评为"感动天山雄师十大人物"……

他就是马帅，新疆军区某师装甲团坦克三营九连班

马帅在新疆军区某师装甲团营区

长，来自唐河县郭滩镇。

　　黝黑的脸庞，刚毅的眼神，自信的表情，马帅给人的第一印象是沉稳和踏实。

　　"军人生来为打赢，当兵就当精武兵。"谈起军营经历，马帅的话语铿锵有力。

　　2008年，高中毕业的马帅带着青春的梦想走进军营。"你想学啥专业？"来到新兵连不久，班长问他。"我想当炮长！"马帅没有犹豫。"好小子！"班长重重地拍了拍他的肩膀。从那时起，马帅就跟着了魔似的，别人睡觉他琢磨原理，别人娱乐他钻研构造，别人闲聊他操作火炮。不到一年，马帅就成了连里有名的指哪儿打哪儿的"神炮手"。

入伍之初，马帅心里有个梦想：为国争光。2016年，他终于等来了渴望已久的机遇。"国际军事比赛—2016"中的"坦克两项"赛在俄罗斯莫斯科郊外的阿拉比诺训练场举办，新疆军区发出"纳贤令"，马帅报名参加了集训。

"代表国家出战，必须用实力说话。"为了尽快提高射击精准度和稳定性，马帅每天早晨5点就跑到射击场，一遍一遍练瞄准；训练中，不管谁上车射击，马帅都要拿个本子记录火炮射击数据，推算射击修正量。

经过严格的选拔，马帅以替补身份出国参赛。

比赛当天，一名炮长连续发挥失常，中国队决定：马帅替补出场。

决赛中，他一举命中6个目标，助力中国队夺得团体银牌。战场无亚军，已将"第一"深深融入血脉之中的马帅对此成绩深感遗憾。

机会来了！2018年，中国陆军承办"国际军事比赛—

2018"。"不突破自己，不为国真正争一次光，这辈子可能都走不出失败的阴影。"马帅再次报名参加集训。

实力是捍卫荣誉的唯一筹码，从哪里失去的就要从哪里夺回来。那段时间，马帅成了训练场上最忙碌的人，连晚上做梦都在训练，说的梦话都是"偏左0.7米，偏高0.3米"。

比赛当天，马帅和战友们驾驶步战车快速机动、精准打击，勇闯种种障碍，最终夺得单车赛冠军。马帅和战友们站在步战车上展开一面鲜艳的五星红旗，灿烂的笑容里写满自信。

戈壁深处，战车轰鸣，沙尘飞扬，又一场实弹演练在戈壁深处展开。"只有平时多流汗，战时才能少流血；只有平时敢拼命，战时才能不丢命。"马帅向步战车跑去，夕阳下，他的步伐格外矫健。

河南卫视
电视新闻

河南卫视
《中原国防》电视专题片

杜小刚

——天山脚下的"火炮神医"

杜小刚

人不能选择岗位，但能选择作为。

烈日炎炎，炮声轰鸣，硝烟弥漫，一场实战演练正在天山脚下的戈壁深处进行。

"报告，炮车突发故障，请求维修支援！"面对突发状况，指挥员转身询问："杜小刚在哪里？"

话音刚落，只见一名身手矫健、皮肤黝黑的战士，

杜小刚对某型火炮进行仔细检查

提着工具箱飞速钻进战车，一番"望、闻、问、切"，故障成功排除。

这名战士就是杜小刚，新疆军区某步兵团修理所上士，战友们都亲切地称他为"火炮神医"。

个头高高，笑容朴实，眼眸里闪烁着灵光，先后参加300多次火炮专业检修，无一次"误诊"。我们对眼前的这位河南小伙儿肃然起敬。

"我们拿扳手的虽处在'幕后'，但也是取得胜利的一环。"说起自己的职责,杜小刚的言语中透着自豪。

2019年,杜小刚30岁,他出生在新蔡县一个农民家庭。2007年,杜小刚参军入伍,看到一辆辆昂然挺立的装甲战车,顿时热血沸腾,期望有朝一日能够驾驶战车驰骋疆场。然而新兵连的日子结束了,杜小刚却成了一名修理兵。

"人不能选择岗位,但能选择作为。"杜小刚一头扎进维修车间,每天早起背诵相关定义、参数,中午加班画电路原理图,晚上认真记录和整理当天的训练数据。很快,他就把火炮摸了个遍,各个零件在哪里、容易发生什么故障、应该如何排除,他都能脱口而出。

火炮维修不仅是个技术活,也是个体力活。为了增强臂力,他专门买来沙袋,即使睡觉也要缠在手上;为掌握炮栓分解结合动作要领,他戴上眼罩增加训练难度,指头上尽是螺丝刀戳破的痕迹。

凭着一股韧劲和吃苦耐劳的精神,杜小刚很快脱颖而出,每次遇到驻训、演习等任务,技术全面且过硬的他均可独立保障。

2016年10月,杜小刚带领两名战友参加历时10个月的"国际军事比赛—2017"集训。大拇指上的指甲磨秃了，膝盖肿了，腰椎伤了……杜小刚带伤冲刺，一次又一次突破身体极限。

挑战极限，成功就在眼前。在竞争激烈的国际赛场，杜小刚凭借精湛的技术，获得"榴弹炮班组修理""火箭炮班组修理"两个单项第一，并和战友们联手获得"军械能手"项目接力赛团体第一名。

在部队领导眼里，杜小刚是个能让火炮"起死回生"的好军人。但在妻子李雪芹眼里，他却算不上一位好丈夫。

采访中，我们拨通了李雪芹的电话。"家里的大小事都指望不上他。我因意外事故住院，家人催了好几遍，他才请假回来。"面对妻子的抱怨，这个钢铁般的汉子，一时无言，脸上满是愧疚。

亏欠家庭，但无愧使命。杜小刚先后荣立一等功、三等功各1次。在他的带领下，他所在的班对所属装备性能参数达到"一口清"，对装备故障达到"一摸准"，先后有3人次荣立一等功，5人次荣立三等功。

"感谢家乡人民对我的关心和关注。"采访结束，杜小刚动情地表示，他将一如既往踏踏实实做好本职工作，多为部队作贡献，多为家乡争光。

河南卫视
电视新闻

河南卫视
《中原国防》电视专题片

熊林杰

——一颗匠心守护战鹰

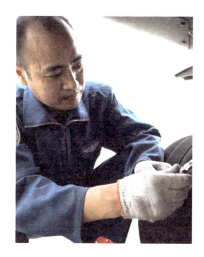

熊林杰

在陆军航空兵的战斗序列中，有这样一群人，他们终日与战鹰为伴，却不能像飞行员那样在九天之上体验速度与激情，也不能像空降兵那样从天而降与敌近距离厮杀，他们是空中机械师，是守护战鹰的人。熊林杰就是他们中优秀的一员。

2019 年 7 月 28 日，中部战区陆军某陆航部队驻地

熊林杰在认真检查并保养战机

气温升至 37 摄氏度，停机坪上，一架架战鹰整齐列阵，蓄势待发。在一架战机旁，我们看到熊林杰和战友正在对战机进行检修。他一边擦汗一边对我们说："请稍等，我们要先把工作完成。"

1990 年冬，熊林杰积极响应国家号召，离开信阳市罗山县老家，报名参军。新兵训练期间，他刻苦训练，成绩始终名列前茅。由于表现突出，新兵训练刚结束，他就被军区选送到陆航训练基地参加技术培训。

"那时陆军航空兵是一个刚组建不久的高技术兵种，能有机会维护直升机，我非常珍惜。"熊林杰说，"那时候我还有一个军官梦，我下定决心一定要努力学习业务知识，熟练掌握维护技术，考上理想的军校。"功夫不负有心人，1993年熊林杰考上了军校，并在1996年成为全校唯一以全优成绩毕业的学员。

　　伴随熊林杰的，有许多闪光的数字。自1998年被任命为空中机械师后，他先后维护保障过10种型号的直升机，随直升机圆满执行数十次急难险重军事任务，航迹遍布长城内外、大江南北。

　　在战友们的眼中，熊林杰不仅是那个创造全优成绩的传奇，更是拼命三郎。多年前，一架直升机滑跑着陆，到达指定位置后，飞行员无法锁住尾轮锁。几吨重的尾轮摇摆不定，极易导致直升机发生侧翻，甚至撞击旁边的战机。"当时，熊林杰提着两个轮挡猫着腰就冲了上去，一把将轮胎卡住，及时制止了险情。我们看得心惊胆战，尾桨还没停下来，旋叶就在他头顶旋转，他竟毫不畏惧。"一位战友告诉我们。

　　2013年，部队成立新中队保障国产某新型直升机列装，单位领导将此重任交给熊林杰。中队是新的、装备是新的、人员是新的，问题层出不穷，安全压力非常大。作为一名基层带兵人，熊林杰深知"打铁必须自身硬"的道理，所以平时他总是先学一步、学深一层，敢于叫响"向我看齐"。经过中队全体人员的不懈努力，国产新型直升机维护工作很快进入正常轨道，装备战斗力的迅速提升，让直升机制造厂的售后人员赞叹不已。

正是这次带队经历为熊林杰打下了良好的业务基础，在参加中国人民抗日战争暨世界反法西斯战争胜利70周年阅兵和中国人民解放军建军90周年阅兵活动中，他和战友拿出最高标准，圆满完成受阅任务。

"战机腾飞的背后，也有我们的付出。每当想起一架架战机飞过观礼台接受检阅的场景，身为一名机务兵，我就倍感骄傲。"谈到阅兵活动，熊林杰仍然难掩内心的激动。

"对于机务兵来说，战机就是战友，值得我用生命守卫；战机亦是花蕾，需要我用匠心呵护。把成绩留在昨天，我要更加努力当好战鹰守护神，为家乡和人民赢得更大的荣誉。"熊林杰说。

河南卫视
电视新闻

河南卫视
《中原国防》电视专题片

王松委

——刀尖上的舞者

王松委

"稳一点，手臂要抬平，保证身体不触线，清水不外洒。"2019 年 8 月 2 日，刚刚下过雨的天空一碧如洗，鲜红的国旗下，第 77 集团军某旅的王松委正在督导队员进行扫雷平衡训练。

我们眼前这位神色自若、身体结实的 32 岁河南汉子，有着让人意想不到的从军经历。自从 2007 年参军入伍以

王松委在第 77 集团军营区

来，王松委参加了藏区维稳、汶川抗震救灾、泸州抗洪抢险等多项大型任务。他还 3 次赴黎巴嫩执行维和扫雷排爆任务，被战友们称为"刀尖上的舞者"。

一天的训练结束后，王松委身上的作训服被汗水浸透。他拧了拧衣服上的汗水，和我们聊起了维和排爆经历："黎巴嫩的雷区分布在陡坡上的荆棘丛中，悬挂着红底白骷髅头警示牌，时刻提醒人们这是一片死亡地带。"

为了尽快完成任务，王松委在武装对峙频发的环境中，苦练技术本领，把近 10 万字的扫雷 SOP（标准作业程序）学懂弄懂，带领扫雷组走向一个又一个雷区。

"有一次，我们正准备进入一个雷区排雷，探测器响了，当时所有人都心里一惊，松委让我和其他队员退后，他用工具将植被和泥土一点一点拨开。"一位和他共同排雷的战友说，"遇见急难情况，他总是冲在前面。"

就这样，王松委和战友一道把"死亡地带"一寸一寸变成"和平走廊"。在赴黎巴嫩执行维和扫雷排爆任务中，他先后担任过扫雷作业手、排爆副组长和扫雷组长，圆满完成了各项任务。执行维和任务，只是王松委军旅生涯中的一个片段。王松委告诉我们，执行汶川抗震救灾任务的经历让他终生难忘。

"汶川地震时，我正在高原执行任务。接到救援命令，我随队紧急赶往灾区。"王松委说，"震后的汶川，道路堵得严严实实，在没有大型救援机械的条件下，我随部队开辟出都江堰通往映秀镇唯一的'陆上生命线'，为后续救援部队进入和伤员运出提供了条件。"

震中的映秀镇，已成一片废墟，危楼耸立。为了防止余震引发危楼倒塌伤及人员，王松委所在的分队接到爆破危楼的命令。当时，余震不时发生，危楼就在身旁摇摇欲坠，要实行爆破，大家有些不知所措。王松委第一个扛起炸药走向废墟、钻进危楼，寻找爆破点。

　　一次运送炸药时，突发余震，一面墙体向王松委倒去，他急忙躲闪，右小腿被钢筋划伤，鲜血直流。经简单清理包扎后，他又投入到紧张的救援中去。由于在抗震救灾中的出色表现，王松委被评为"四川省抗震救灾先进个人"。

　　采访中，我们时时被王松委的故事感动着。他告诉我们："我的老家在商丘，淳朴的乡情和良好的民风培育了我。我家兄弟3人都参军报国并相互鼓励，在各自工作岗位上创优争先，不辜负家乡父老的期望。"

河南卫视
电视新闻

河南卫视
《中原国防》电视专题片

党俊凯

——"大国长剑"的守护者

党俊凯

"东风快递，使命必达。"火箭军形象宣传片令人心潮澎湃、热血沸腾。当你看到这一强军大片时，是否会想到有一群官兵扎根深山默默奉献，日复一日守护着"大国长剑"的安全？

林州籍士官党俊凯就是一名守护"大国长剑"的技师。2019 年 8 月 3 日，我们在火箭军某部见到了党俊凯，他

党俊凯在火箭军某部营区

个头儿高高，身材偏瘦，脸庞白皙，浑身透着一股精干劲。

"祖国轻易不用咱，用咱就是出重拳，我为自己肩负的神圣使命感到骄傲。"党俊凯告诉我们。

2003年，18岁的党俊凯带着青春梦想走进军营，本想大展拳脚的他，却被现实浇了个"透心凉"。

那天，汽车在大山中行驶了两个多小时后，党俊凯的视线中出现了一座幽静的营院。走下汽车，他抬头仰望，头顶的"一线天"泛着淡淡的蓝……他在给父亲的信中写道："左是山，右是山，第一次感受到什么是与世隔绝。"

"梦想对比现实，难免会有落差。"老班长看出了党俊凯的心思，主动与他攀谈，"我们肩上扛着人民的重托，掉皮掉肉也不能有辱使命！"

看着庄严静卧的装备，听着老班长铿锵有力的话语，一股热血涌上党俊凯的心头，他感到无比自豪。

装备系统庞大、结构复杂，涉及十多个学科、数十个专业，要成为专业技术过硬的能手，不下苦功夫不可能成事。面对天书般的技术参数，党俊凯恨不能一下子将所有的专业书啃透。那些天，大头针、风油精成了他加班熬夜的两件"宝"。仅一年时间，他就做到了装备管理一摸准、技术参数一口清，成为同批战友中第一个独立上岗的人。

我们在采访中了解到，党俊凯的工作环境阴暗潮湿，不少官兵患上了风湿性关节炎，一到天气变化时就疼痛难忍。长期在密闭环境中执行战备训练，一些心理素质相对较差、不善于自我调节的官兵，就可能患上焦虑、抑郁、恐惧等心理问题。

"以前从不知道，阳光也可以是奢侈品。"党俊凯感慨地说。往日最寻常的阳光，如今成了朝思暮想的对象。

每次对装备进行安检，党俊凯都当作是"第一次"，每个细节都不敢疏忽。有一次，党俊凯对所接收装备进行检查验收，他拿起手电筒爬入装备内部，对各个部件进行精心检测，排除了一个安全隐患，受到了官兵们的交口称赞。

惊出一身冷汗的党俊凯从此患上了"强迫症"：用过的工具，无论何时都要摆放得整整齐齐；修过的部位，总是一遍又一遍反复回头查看。

弹道无痕亦有痕。党俊凯先后多次上高原、入戈壁、进深山，参与大项任务 20 余次，无一失误。他荣立二等功 1 次，荣获"全军优秀士官人才"三等奖。

"这几年，我们的守防条件越来越好。守护好'大国长剑'，守望祖国和人民的安宁，我们干劲十足，信心满怀！"党俊凯的话掷地有声。

河南卫视
电视新闻

河南卫视
《中原国防》电视专题片

孟献伟

——争当先锋的铁甲精兵

孟献伟

"按计划向目标地域组织机动！"盛夏时节，豫北的云梦山下战车轰鸣，一场山地进攻战斗演练如期打响。一名上尉通过电台下达行军命令，各分队官兵闻令即动。

这名脸庞黝黑、干练帅气的军官，就是陆军某旅合成四营装甲突击车连连长孟献伟。

孟献伟在为官兵授课

　　"只有把自己练成'刀尖子'，才能团结和带领官兵攻坚克难、无往不胜。"孟献伟告诉我们。

　　孟献伟出生在革命老区桐柏县，从小听着革命故事长大。2009 年，他投笔从戎，从郑州大学入伍，新兵下连后成为一名侦察兵。

　　带着大学生士兵的光环走进军营，刚开始孟献伟还有点飘飘然。然而，入伍没几天，现实就给了他当头一棒：跑不快、投不远、打不准。

不服输的孟献伟就像一列高速飞驰的列车，用夜以继日的苦练，向梦想冲刺。

　　为了增强体力，他武装越野时加负重、加距离；为尽快掌握导航、通信等信息化装备，他加班加点反复练习，手指磨出老茧……终于把自己磨砺成了一名响当当的侦察尖兵。

　　由于成绩优异，两年后孟献伟作为优秀大学生士兵直接提干。一年的军校生活，孟献伟在沉淀中变得更加成熟，毕业后被分配到"红一师"。

　　"红一师"曾涌现出"大渡河十七勇士""狼牙山五壮士"等著名英雄模范。既到英雄师，当立英雄志。孟献伟心中升腾起男儿血气："我要像先辈们那样有血性、敢担当，不辜负所在的英雄集体，不辜负所处的伟大时代。"

　　2015年，经过严格选拔，孟献伟走进了纪念中国人民抗日战争暨世界反法西斯战争胜利70周年阅兵训练场，担任方队教练员。训练场上，孟献伟对站军姿、走队列的每一个细节，都严抠细训，甚至连喊口令的嘴形，他都要求完美。几个月下来，他的体重掉了7公斤，踢

坏了 3 双皮鞋。

2018 年 10 月，陆军组织"精武—2018"比武竞赛。竞赛突出全程对抗，各参赛队以 10 人为一个战斗班组遂行特定作战任务为背景，队员们要单兵负重 30 公斤，在 36 个小时内完成定向越野、夺控要点、阻击援敌等 10 个课目的比拼。经过激烈竞争，孟献伟再次脱颖而出，和战友们一起代表所在部队参赛。

然而就在赛前，孟献伟被检查出患有心律失常的疾病。医生建议他住院观察一周。"一周后黄花菜都凉了。作为领队，怎能临阵退缩？"孟献伟坚持参加比赛。

"人生难得几回搏，军旅更得拼命搏。"不想让军旅生涯留下任何遗憾的孟献伟，一次又一次突破身体极限，带领战友们一举拿下通过障碍、阻击援敌两个课目第一名。

参军 10 年来，孟献伟先后荣立三等功 2 次、二等功 1 次，所带连队连续 3 年被旅评为"军事训练一级连"，荣立集体三等功。

铁骑滚滚，硝烟弥漫。孟献伟一直在备战打仗的征程上前行。"作为新时代革命军人，只有时刻以昂扬的精神投身练兵备战，才能扛起使命责任，不辜负党和人民的重托。"孟献伟的话语里豪情满怀。

河南卫视
电视新闻

河南卫视
《中原国防》电视专题片

彭铁柱

——当兵就要当好兵当标兵

彭铁柱

"稍息，立正，向左转，向后转……"一天上午，从义马市人武部训练基地传来一阵阵响亮的口号声，身着迷彩服的民兵们正在烈日下开展队列、投弹、卫生救护、伪装车辆等课目的军事训练，他们的衣服已被汗水湿透。

"练为战、训即战，我们要发扬一不怕苦、二不怕

彭铁柱在义马市人武部

死的战斗精神，锻造一支召之即来、来之能战、战之必胜的基干民兵队伍。"义马市人武部部长彭铁柱为大家加油鼓劲。

　　"我们坚持从实战需要出发，把单兵战术基础训练、伪装与防护、卫生与救护训练等课目作为重点，进一步强化基层民兵'兵'的意识、'兵'的责任。通过一系列正规军事化集训拉练，有效提升队伍应对突发事件的快速集结、快速反应、快速处置能力，达到平时应急、战时应战、一专多能的目的。"彭铁柱说。

29年的军旅生活，彭铁柱历任战士、机要参谋、机要科长、机要处长、人武部部长，历经多个岗位，一连串闪光的履历见证了他冲锋的足迹：荣立二等功4次、三等功1次；荣获"全军机要专业训练标兵"称号；2015年，参加纪念中国人民抗日战争暨世界反法西斯战争胜利70周年阅兵仪式，被徒步方队指挥部评为优秀领队；义马市人武部被河南省军区表彰为军事训练先进团级单位。

"我从小的梦想就是当一名军人。当兵，就要当一块经得起锤炼、受得了敲打、耐得住打磨的好钢。"1990年，彭铁柱怀揣着梦想参军入伍。凭着不服输、能吃苦的意志和韧劲，他很快在同批兵里脱颖而出。1997年9月，在原济南军区组织的"创纪录、上史册"活动中，彭铁柱打破军区纪录，并荣立个人二等功。

为掌握更多的现代化军事知识，彭铁柱常常伏案学习到深夜，并撰写了10余本军事理论读书笔记。2008年，彭铁柱负责组织并参与新一代机要专业训练大纲部分专业训练题库的编写任务，完成了新大纲试训论证报告的修改完善和上报工作，他独立修编的两本机要专业教材在全军推广使用。2015 年，他带头组织研制的机要专业战术训练仿真系统，被评为军队科技进步三等奖。2016 年，在陆军组织的机要专业训练创纪录活动中，他被表彰为陆军机要专业训练尖兵。

2017 年，彭铁柱交流到河南省军区系统工作，担任义马市人武部部长。他迅速转换角色，带领人武部干部职工和广大民兵预备役人员，积极参加地方经济社会建设及抢险救灾维稳，受到了地方党委、政府和人民群众的认可和赞誉。

在急难险重任务面前，彭铁柱总是冲在最前面。2018 年 2 月 8 日，义马市突发一起水污染事件。彭铁柱带领民兵应急分队，第一时间赶到现场，展开抢险救援，经过 6 天连续奋战，装卸活性炭 270 余吨，圆满完成了筑坝、加固坝体、堵漏、注水等任务，使险情得以及时排除。

当兵就当好兵、精兵、标兵，这一直是彭铁柱的不懈追求。从军 29 年，他在每个岗位都干得出彩。在金灿灿的军功章和红彤彤的荣誉证书背后，彭铁柱流下的有

汗水，更有泪水甚至鲜血。他用优异的成绩诠释了"当一个好兵"的报国初心。

河南卫视
电视新闻

河南卫视
《中原国防》电视专题片

王　震

——用必胜信念守护战旗

王　震

2019 年 7 月底的一天，热浪滚滚，在豫南某野外训练场，中部战区陆军第 83 集团军某旅正在组织多个实战化课目考核，官兵们挥汗如雨，奋勇向前，士气高昂。

指挥部的帐篷里，闷热难耐。参谋部作训科参谋王震正在梳理演练情况。"我们始终坚持战斗力这个唯一的、

王震在"杨根思连"雕塑前

根本的标准，矢志精武强军，全面提高新时代备战打仗能力。"王震说。

　　"'杨根思连'是我们的英雄连队，'不相信有完不成的任务、不相信有克服不了的困难、不相信有战胜不了的敌人'，是我们的老连长杨根思在抗美援朝战场上发出的战斗宣言。60多年来，'三个不相信'的精神基因深植于代代官兵的血脉，已成为这支英雄部队的制胜密码。"王震说，"无论是训练还是执行任务，我们常常喊响老连长杨根思的战斗宣言，用'三个不相信'精神激励自己，锻造'逢敌亮剑、亮剑必胜'的尖兵铁拳。"

王震1988年出生于商丘市虞城县。2007年7月，王震大学毕业参军入伍。"军人生来为打胜仗，当兵就要当第一。"王震的人生信条是，不论做什么事，要么不做，要么就做最好。

2015年至2018年，王震担任"杨根思连"连长，是该连队第29任连长。其间，他带领连队圆满完成跨区对抗演习、军委临机战备拉动、南苏丹国际维和等重大任务，连队荣立集体一等功1次、二等功2次、三等功1次。王震被集团军表彰为"强军精武标兵""优胜指挥员"，荣立二等功1次、三等功1次。

2015年12月，王震率领连队官兵赴南苏丹朱巴执行维和任务。"那是一段血与火的艰难岁月，'杨根思连'官兵置身战乱，直面生死，以实际行动展现了中国军人的铁血担当。"在南苏丹执行维和任务的一年经历，仍然清晰地刻在王震的脑海中。

在南苏丹维和战场上，面对大规模武装冲突，王震带领连队官兵用鲜血和生命践行了"人在阵地在"的铮铮誓言，受到了联合国官员的高度赞扬，王震被授予联合国三级"和平荣誉勋章"。

从南苏丹回到中国后，王震第一时间来到营区"杨根思连"群雕老连长杨根思的雕像前。"即便今生成不了像你一样的英雄，我也要像你一样去战斗！"王震向老连长报告。

2018年6月，王震被调整到参谋部作训科任参谋，面对新岗位、新要求，他刻苦学习，凭着不懈努力，很快成为作训科的骨干力量。

"在老连长精神的感召下，我会时刻保持冲锋的姿态，用必胜的信念守护战旗，争当新时代革命军人！"王震的话语铿锵有力。

河南卫视
电视新闻

河南卫视
《中原国防》电视专题片

候国领

——用铁血书写传奇

候国领

精壮的体格、黝黑的皮肤、刚毅的眼神，走在街头的人群中，候国领的军人气质出众。2019 年 8 月 8 日，我们在周口见到了回家探亲的陆军第 82 集团军某合成旅侦察营副营长候国领。

"走进军营，是因为我的父亲。"候国领首先向我们谈起了他儿时的军旅梦。出生在河南省鹿邑县一个普通农村家庭的候国领，父亲是中国第一批武警兵。深受父亲的影响，他儿时的梦想就是穿上军装保家卫国。

2004 年，候国领参军入伍，他所在部队的前身是素有"铁军"之称的"叶挺独立团"。"既然来到'铁军'，就不能给部队抹黑，我告诉自己必须努力拼搏，刻苦训练，练就一身过硬本领。"

候国领刚入伍时，训练成绩只是中等水平，但他坚信苦练出精兵。别人轻装跑 5 公里，他就穿上 15 公斤重的沙袋跑；别人晚上练习"3 个 100"，他就加量 2 倍以上……有付出就有收获，入伍第二年，他获得了全师武装越野 5 公里、轻武器射击、武装泅渡和抢占制高点 4 个项目第一。由于成绩优秀，候国领被选中参加 2009 年的"安德鲁波依德"国际特种兵比武。"当时我感到使命在肩，一定要为国争光。"候国领说。

比武项目难度非常高，其中有一项是直升机 350 米侧门低空跳伞，跳伞过程中，坠空时间只有 6 至 7 秒，伞具极易被直升机尾翼击中，风险很大。由于这个项目此前在全军没有训练经验，备战训练的第一天实跳就有 14 名队友摔伤。

通过两天的地面训练，候国领就要登机实跳了。在直升机侧门打开的瞬间，他双腿直哆嗦。"训练不玩命，打仗就会丢命。当时我一闭眼，就跳下去了。"候国领说。

通过刻苦训练，比武当天，候国领在风雨交加的天气中，凭借过硬的技能和心理素质，准确降落在指定地域，拿下了这一项目的金牌。在比武对决中，候国领与队友越战越勇，最终以绝对优势勇夺13个比赛项目中的8个单项第一，创下开赛以来多项新纪录，被参赛的外军称为"神奇之队"。

"当五星红旗升起、《义勇军进行曲》奏响的那一刻，我流泪了。"回忆起颁奖时的场景，候国领的眼里闪烁着泪光。

2013年年底，候国领被任命为侦察营侦察连连长。上任时，首长语重心长地对他说："你是一个血性军人，希望你带出一个血性连队。"他牢记嘱托，坚持从难从严摔打锻炼官兵的意志，武装越野最少10公里，40米山地攀登不能超过50秒……高强度的训练，使他所带的连队整体水平有了质的飞跃。

对于自己的兵，他倾囊相授，将这些年参加训练和比武的经验讲给他们听。在一次射击训练休息时，一名队员开玩笑地说："连长，你把经验方法都教给我们，就不怕以后比武我们抢了你的金牌吗？"候国领高兴地说："你们都超过我，说明我的教学很有成效。"

在他的指导下，队员们的成绩不断提高。在2016年和2018年俄罗斯国际军事比赛中，候国领带领队员连续两次打破射击比赛纪录，特别是在2018年的比赛中，参赛队员在满环120环的情况下，以116环的绝对优势取得了第一名，他也因此被俄罗斯国防部保障局授予"最佳优秀教练"称号。

候国领先后参加军事比武36次，参加国际军事竞赛5次，在国际赛场上获得包括14枚金牌共23枚奖牌，获得"国际特种兵竞赛先进个人""陆军首届'四有'新时代革命军人标兵楷模"等荣誉称号，荣立一等功2次、二等功2次、三等功6次。当兵15年，候国领拼了15年，他从战士拼到带兵人，拼出了人生的价值，用一腔铁血书写出传奇。

河南卫视
电视新闻

河南卫视
《中原国防》电视专题片

附 录

河 南 兵

（"强军精武河南兵"活动主题曲）

1=C 4/4

韩申国 词
宋清安 曲

♩=128 热烈地

i i i i i 7i | 2 7 5 5 2 3 | 5 5 3 2 2 2 3 | 3 2 3 3 - - |

花木兰替父从军踏征程，杨家将世代忠良丹心 红，
吉鸿昌英勇就义留美名，杨靖宇宁死不屈铁骨 铮，

[1.]
2 2 3 5. | 3 5 | 7 5 5. | 3 5 | 5 3 5 5 6 | 6 - - - :‖

岳飞立志 啊，雪国耻，精忠报国 留美名

[2.]
6 6 7 i i | 2 i 2 0 6 7 | i 7 i 2 2 - | 2 0 2 0 2 3 | i 6 6 - - | 6 - - - |

一代战将 彭雪枫，南征北 战 真英 雄

‖: 3 3 2 3 2 i | 2 2 i 6 6 7 | i i i i 2 5 | 6 3 - - |

龙的 子孙，我们 一脉 相承，保家 卫国，我们 一腔 豪情

6 6 6 6 2 i | i 2 i 2 2 3 | i 6 6 - - | 6 - - - :‖

大河之南 一代代 的兵，为我 中华 崛起谱忠 诚

[2.]
5 5 3 5 5 - | 5 0 5 5 6 | 6 - - - | 6 - - - | 6 0 0 0 ‖

中华崛起 谱忠 诚，

5 5 3 5 5 - | 5 0 5 5 6 | 6 - - - | 6 - - - | 6 0 0 0 ‖

中华复兴 中国 梦！

说唱：

要说兵，就说兵，说说咱们的河南兵。
二十五军吴焕先，红军长征当先锋，
战场杀敌真英勇，河南儿女建奇功；
特等功臣孙占元，抗美援朝立大功；
战斗英雄杜凤瑞，双枪神勇叫郭兴；
边境反击李海欣，固守高地真英雄；
武文斌和申亮亮，新时代的河南兵！
有血有肉的河南兵，有情有义的河南兵，
听党指挥的河南兵，能打胜仗的河南兵！

"强军精武河南兵"活动
主题曲《河南兵》MV

河 南 兵

（豫剧戏歌）

1=bE 2/4

韩中国 词
赵国安 曲

有力地

龙 的 子 孙，　　　　　　　我们 一脉相承，

保 家 卫 国，我们 一腔豪情

大 河 之 南，　一 代 代 的 兵，为 我 中华 崛起

谱 忠 诚　　　黄 帝 第 一 军 事 家，

妇好 首 位女 将 军，花木兰 替父从军 踏征程，杨家将 世代忠良 丹心 红，

岳飞 立志 雪 国 耻，精忠报国留美名。 河 南 兵，河 南 兵啊，

有血有肉的 河 南 兵；河南兵，河 南 兵啊，有情 有义的 河南 兵。

河南兵河南 兵,志在八方的河南 兵!河南　　　兵，河 南　兵啊,前仆后继的

$\dot{3}$ $\dot{3}\dot{1}$ | $\dot{2}$ - $6.\underline{276}\underline{53}\underline{26}$ | 5 - $6.\underline{276}\underline{55}$ | X X.. |

河南兵。 （说唱）

$\dot{5}.$ $\underline{55}\dot{5}.$ $\underline{55}\underline{56}\underline{54}$ | $\underline{34}\underline{32}\dot{1}$ $\underline{5555}$ | $\underline{53}\underline{56}$ |

$7.\underline{65}\underline{3}$ $\dot{2}$ - | $\dot{2}$ $\underline{53}$ $\underline{232}\underline{1}\dot{6}\dot{1}$ | $\dot{2}.\underline{222}$ | $\dot{2}\dot{1}$ 0 $\underline{22}$ $\widehat{76}$ 5 - |

龙的子孙， 我们 一脉相承，

$\dot{1}\dot{1}$ | 35 $\dot{2}\dot{1}$ 0 | $\dot{2}\dot{2}$ $\dot{3}\dot{2}$ $\dot{1}.$ $\dot{2}$ | $6.\underline{276}$ $\underline{56}\underline{2}{}^{\#}\underline{4}$ | 5 - |

保家卫国， 我们 一腔豪情。

$\underline{333}\underline{33}$ $\dot{2}.\underline{321}$ | $\underline{56}\underline{2}{}^{\#}\underline{4}$ 5 - 3.5 $\underline{227}$ 6 - | $\underline{226}\dot{6}\dot{1}$ $\dot{2}$ - 0 36 65 $\dot{1}.\dot{1}\dot{6}\dot{1}$ |

大河之南， 一代代的兵， 历史 长河灿若

$\dot{2}\dot{1}\widehat{76}$ 5 - $6.\underline{276}$ $\underline{63}$ $\underline{56}$ $\widehat{63}\underline{56}$ $\dot{1}$ - $6.\underline{7}$ $\underline{65}$ $\underline{663}$ $\underline{26}\dot{1}$ $\dot{2}$ $\underline{6.7}$ $\underline{65}$ $\underline{663}$ 5 |

星。 吉鸿昌 英勇就义 留美名；杨靖 宇宁死不屈 铁骨 铮；

73 07 $\underline{276}$ 07 56 70 77 73 $\underline{276}$ 55 3.5 66 75 6 33 $\underline{26}\dot{1}$ |

一代 战将 彭雪枫， 南征北战真英 雄；二十五军吴焕先，红军长征

$\dot{2}\underline{76}$ 5 - $\dot{1}\widehat{63}\dot{1}$ $\dot{2}$ - $\underline{277}$ 55 66 $\underline{22}$ $\widehat{36}\dot{1}$ $\underline{277}$ 5 - $\dot{1}\widehat{63}\dot{1}$ $\dot{2}$ - |

当先锋。河南兵，河南 兵啊，能打胜仗的 河南兵，河南兵，

$\underline{277}$ 55 66 66 $\underline{765}$ $\dot{2}\underline{2}{}^{\#}\underline{4}$ 55 $\underline{663}\underline{56}$ $\dot{1}.\dot{6}$ $\underline{277}$ 66 6.3 66 66 $\overset{3}{\dot{2}}$ $\dot{1}$ |

河南兵啊，作风优良河南 兵，河南 兵，河南兵啊，不忘初心 为打 赢，

6 3 | $\overset{\vee}{\dot{2}}$ - $6.\underline{276}$ $\underline{53}\underline{26}$ | 5 - $\underline{53}\underline{26}\overset{\vee}{5}$ - | 5 0 ‖

为 打 赢！

说唱：

要说兵，就说兵，说说咱们的河南兵。
二十五军吴焕先，红军长征当先锋，
战场杀敌真英勇，河南儿女建奇功；
特等功臣孙占元，抗美援朝立大功；
战斗英雄杜凤瑞，双枪神勇叫郭兴；
边境反击李海欣，固守高地真英雄；
武文斌和申亮亮，新时代的河南兵！
有血有肉的河南兵，有情有义的河南兵，
听党指挥的河南兵，能打胜仗的河南兵！

豫剧戏歌
《河南兵》MV

强军精武河南兵

（"强军精武河南兵"系列专题片片尾曲）

1 = F $\frac{4}{4}$

韩申国 词
褚桂仁 曲

♩=92

1 3 5 3 2. 1 | 3 - - - | 2. 2 2 1 2 3 | 5 - - - |
强 军 精 武 河 南 兵. 精 忠 报 国 有 传 统。

2 2 1 2 1 6 | 2 1 6 6 - | 6 1 6. 5 | 5 - - - |
新 时 代 新 征 程. 不 忘 初 心, 牢 记 使 命。

1 1 1 5 3 1 6 | 5 - - - | 6. 6 6 5 4 3 5 | 2 - - - |
听 党 指 挥. 赤 胆 忠 诚 能 打 胜 仗. 血 性 担 当。

1 1 1 5 3 1 6 | 5 - - - | 6. 6 6 5 4 5 | 6 - - 6 | 7 - - - |
作 风 优 良 赓 续 传 统, 伟 大 梦 想 实 现 在 前 方。

1 1 1 5 | 3 2 1 0 2 2 3 | 4 4 4 5 | 6 4 5 5 - |
强 军 精 武 道 路 上, 有 我 们 强 军 精 武 河 南 兵;

1 1 1 5 | 6 5 4 0 4 4 5 | 6 7 1 5. | 7 - - 1 |
民 族 复 兴 伟 业 上, 有 我 们 强 军 精 武 河 南

2 - - - | 2 0 2 5 | 1 - - 1 | 1 - - 1 | 1 - - 1 | 1 - - 1 | 1 0 0 0 ‖
兵. 河 南 兵！

『强军精武河南兵』系列专题片片尾曲 MV

后　记

　　河南，我国第一兵员大省。

　　每年征兵，河南省征集新兵的任务数约占全国的十分之一，河南在我军战斗力大棋盘上有着十分重要的地位。

　　天下之事，作于细，成于精。

　　历史车轮驶入精准时代，强军战鼓呼唤大国精兵。

　　面对深化国防改革这一历史新机遇，作为兵员大省的河南，如何为军队转型提供强力兵员支撑，是一次面对新时代的大考。

　　得英才于帐下，汇珠玉于椟中。

　　新时代优秀青年需要榜样引导。为充分利用河南省军地媒体，宣传广大河南籍官兵贯彻落实习近平主席强军思想、聚焦备战打仗、投身强军精武的感人事迹，在培养塑造典型、宣扬先进中立起标杆、激发动力，在丰富载体、创新方法中加重氛围、形成导向，着力引导官兵增强"四个意识"、坚定"四个自信"、做到"两个维护"，坚决贯彻军委主席负责制。根据河南省军区首长指示，河南省军区政治工作局依托"中原国防"融媒体平台，从 2019 年 3 月 14 日到 8 月 15 日，历时 154 天，河南省军地组织开展了"强军精武河南兵"系列宣传活动。活动中，采访组对各军兵种涌现出来的 20 位优秀河南籍现役军人进行实地采访，行程数万公里，在北京、浙江、福建、广东、新疆、辽宁、吉林、陕西、河北、河南 10 多个省、区、市留下足迹。

20 位优秀河南籍现役军人分别来自陆军、海军、空军、火箭军和战略支援、联勤保障、武警部队及国防动员系统，覆盖全军所有军兵种。人员包括英雄航天员刘洋、陈冬，"东海兵王"王长水，"北疆枪王"卢雪礼等。其中受到习近平主席接见的 4 人，有荣誉称号的 3 人，荣立一等功的 5 人，全部受到二等功以上奖励。

这 20 位优秀河南籍现役军人，是新时代军人的典型代表，与强军兴军事业紧密相连，是优秀青年学习的榜样。他们的事迹，既是国防教育鲜活生动的教材，又为新时代国防动员事业创新发展提供了强大的精神动力，同时激励广大优秀青年踊跃参军，建功军营。

为了保证"强军精武河南兵"宣传活动效果，我们采取军地媒体联合采访的方式进行。采访人员不辞辛劳，进深山，到戈壁，上高原，下海岛，坚持到达每一名被采访对象的工作、生活、训练一线，进行跟踪采访报道，特别是在新疆和广州的采访，采访团成员冒着近40摄氏度的高温，坚持跟踪拍摄好每一个镜头、每一张照片，为后期的集中宣传奠定了坚实基础。

"强军精武河南兵"系列报道，分别被《人民日报》客户端、学习强国APP、新华网等国内主流新媒体关注并报道。中央军委国防动员部《要讯》刊发了活动的消息。《河南日报》、《大河报》、河南广播电视台《河南新闻联播》及各省辖市的党报、电视台，连续20天同步跟踪报道，形成了规模宣传效应，产生了网络刷屏效果，进一步擦亮了"河南兵"的金字招牌。

这次宣传，传统媒体与新媒体一起上，既在广播、电视、报刊上刊播，也在网络、"两微一端"等新媒体推送。既协调新华社在新华网首页显著位置建立专题网页，又注重发挥省级和省辖市级媒体全程跟进互动的作用。同时，为每名强军精武标兵设计了1张宣传海报，拍摄制作了1部10分钟电视专题片和3～5分钟的电视新闻片，采写了1篇人物通讯并拍摄3～5张照片，还尝试制作了h5时光卡。为配合好宣传，专门创作推出了适合网络传播的活动主题歌曲《河南兵》、豫剧戏歌《河南兵》，并分别拍摄制作了MV，创作了系列电视节目同名片尾曲《强军精武河南兵》，拍摄制作了征兵宣传暨国防教育公益专题片《忠！"中"！河南兵》。

"强军精武河南兵"系列宣传活动引起了广大网民高度关注，截至本书付梓，在百度以"河南兵""强军精武河南兵"为关键词搜索，分别出现2450万、23.9万个结果。根据新浪网络舆情监测中心和大河网舆情研究院2019年提供的数据，"强军精武河南兵"报道，当年在全网关注量有5000多万人次，相关微话题阅读量618万次，河南省军区官方微博@中原国防发出的单条微博《忠！"中"！河南兵》微视频和活动主题歌曲《河南兵》MV的阅读转发量分别达到293万次和286万次。

接受采访的官兵们纷纷表示家乡媒体进军营，使他们倍感亲切，在战友面前倍感光荣和自豪，大家表示一定不辜负家乡厚爱，扎根军营，为强军事业再立新功。广大观众、听众和网友纷纷表示："强军精武河南兵"开启了省级家乡军地媒体联合进军营的先河；系列报道是摸得着的国防教育，看得见的征兵宣传，听得见的强军战歌，愿为"强军精武河南兵"点赞，更愿意在强军路上贡献自己的一份力量。

这次采访活动，得到了军地各级的大力支持和帮助。省军区首长高瞻远瞩、统筹谋划，省委宣传部、省委网信办大力支持、跟进督导，省广播电视台、河南日报报业集团及全省新闻媒体连续报道、多维呈现。著名作家周大新为活动题字，魏联军为征兵宣传暨国防教育公益专题片《忠！"中"！河南兵》撰写脚本。国家一级作曲、河南省豫剧音乐学会副会长赵国安义务为豫剧戏歌《河南兵》谱曲，著名豫剧表演艺术家、国家一级演员孟祥礼倾情演唱。宋清安和褚桂仁分别为活动主题歌曲《河南兵》和电视专题片片尾曲《强军精武河南兵》谱曲，陈红松、褚桂仁深情演唱。《河南日报》政文部的孙欣、李凤虎、石可欣、王斌先后随团采访，河南广播电视台军事节目中心及"中原国防"融媒体中心的韩申国、侯晖、李栋稳、褚桂仁、徐长青、段成浩先后参加采访，郭倩、赵登攀、赵红伟、孟杰、胡峻玮参与采访保障、后期制作等工作。郑州市国防教育协会、河南人民出版社对本书出版给予大力支持和帮助，在此一并表示感谢！

2020 年 4 月 1 日于郑州